Impressum
Verlag: BABADADA GmbH, Nedderfeld 112 , 22529 Hamburg
Geschäftsführer / Verlagsleitung: Harald Hof
Druck: Books on Demand GmbH, In de Tarpen 42, 22848 Norderstedt

Imprint
Publisher: BABADADA GmbH, Nedderfeld 112 , 22529 Hamburg, Germany
Managing Director / Publishing direction: Harald Hof
Print: Books on Demand GmbH, In de Tarpen 42, 22848 Norderstedt, Germany

iskola
sekolah

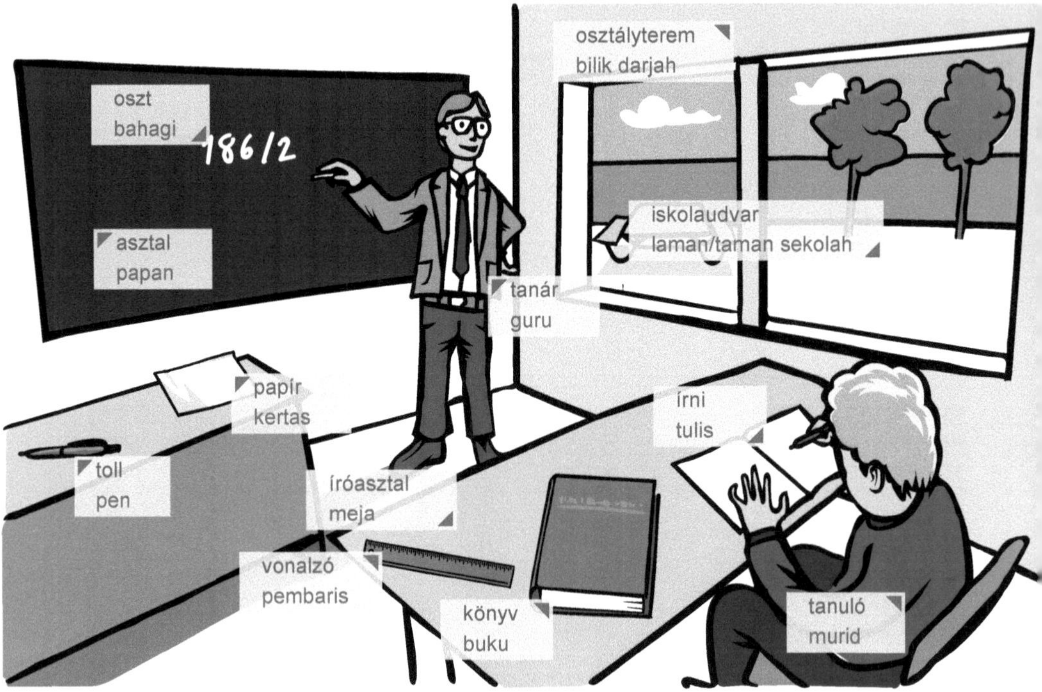

osztályterem
bilik darjah
oszt
bahagi
186/2
asztal
papan
iskolaudvar
laman/taman sekolah
tanár
guru
papír
kertas
írni
tulis
toll
pen
íróasztal
meja
vonalzó
pembaris
könyv
buku
tanuló
murid

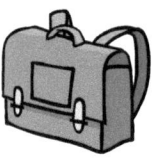

iskolatáska
beg galas

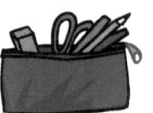

tolltartó
kotak pensel

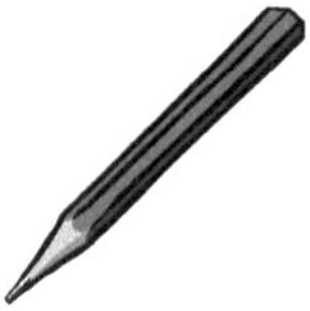

ceruza
pensel

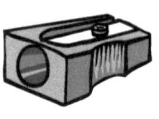

ceruzahegyező
pengasah pensel

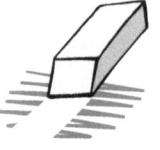

radír
pemadam

rajzfüzet
kertas lukisan

rajz
melukis

ecset
berus lukis

festőkészlet
kotak warna

olló
gunting

ragasztó
gam

munkafüzet
buku latihan

házi feladat
kerja rumah

szám
nombor

összead
tambah

kivon
tolak

szoroz
darab

számol
kira

betű
huruf

ABC
abjad

szó
kata

szöveg

teks

olvasni

baca

kréta

kapur

tanóra

pelajaran

napló

daftar

vizsga

peperiksaan

bizonyítvány

sijil

iskolai egyenruha

uniform sekolah

oktatás

pendidikan

enciklopédia

ensiklopedia

egyetem

universiti

mikroszkóp

mikroskop

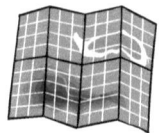

térkép

peta

papír-hulladék gyüjtő

bakul sampah

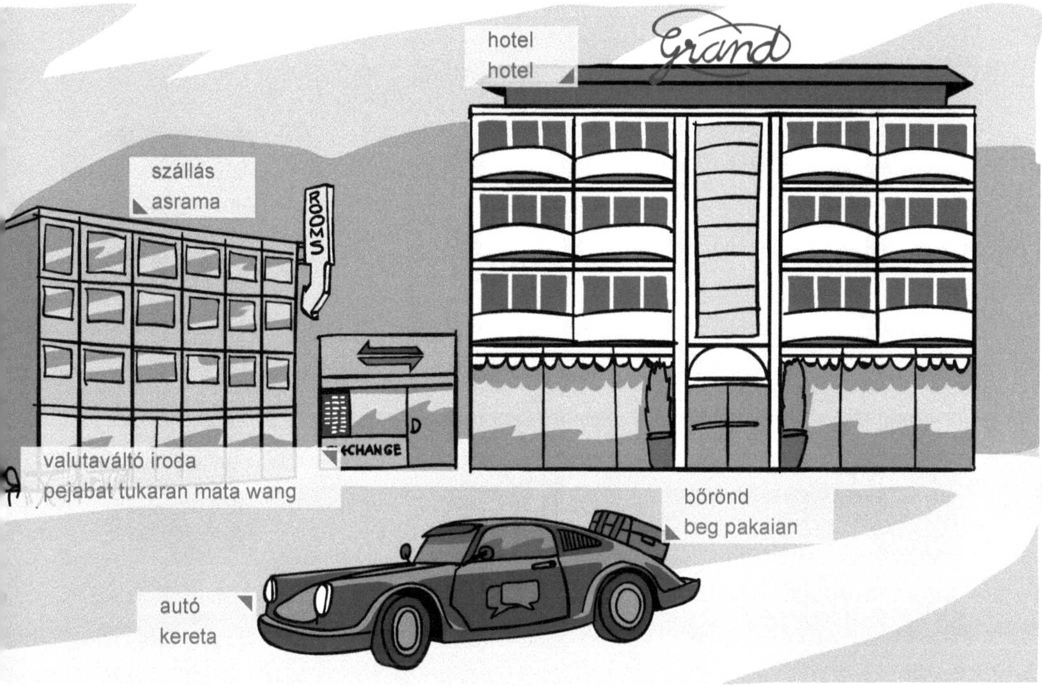

hotel
hotel

Grand

szállás
asrama

ROOMS

valutaváltó iroda
pejabat tukaran mata wang

EXCHANGE

bőrönd
beg pakaian

autó
kereta

nyelv
bahasa

igen/nem
ya / tidak

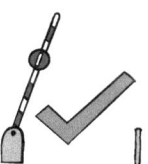

rendben
okey

szia
helo

fordító
penterjemah

köszönöm
Terima kasih

mennyibe kerül...?

berapa banyak...?

nem értem

saya tidak faham

probléma

masalah

Jó estét!

Selamat petang!

jó reggelt!

Selamat Pagi!

jó éjszakát!

Selamat Malam!

viszontlátásra

selamat tinggal

útirány

arah

poggyász

bagasi

táska

beg

hátizsák

beg galas

vendég

tetamu

szoba

bilik tidur

hálózsák

beg tidur

sátor

khemah

turista információ

maklumat pelancong

strand

pantai

hitelkártya

kad kredit

reggeli

sarapan

ebéd

makan tengah hari

vacsora

makan malam

jegy

tiket

lift

lif

bélyeg

setem

határ

sempadan

vám

kastam

nagykövetség

kedutaan

vízum

visa

útlevél

pasport

közlekedés
pengangkutan

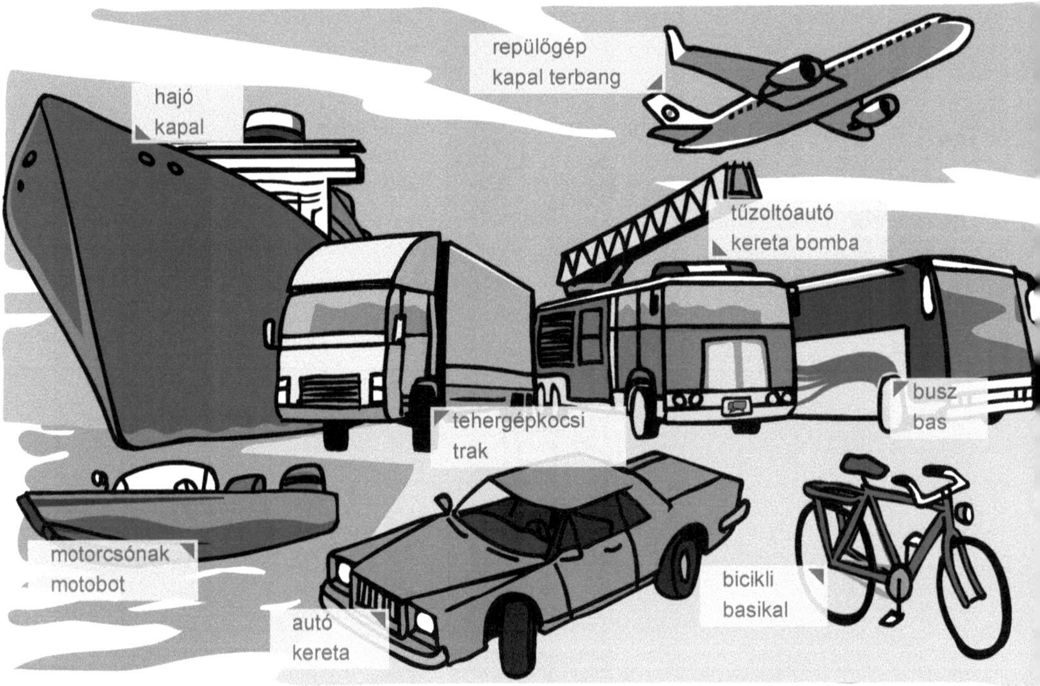
repülőgép
kapal terbang
hajó
kapal
tűzoltóautó
kereta bomba
busz
bas
tehergépkocsi
trak
motorcsónak
motobot
bicikli
basikal
autó
kereta

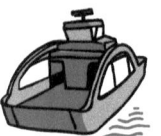

komp

feri

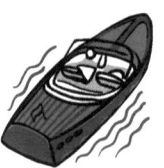

csónak

bot

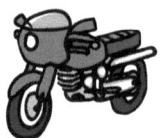

motorkerékpár

motosikal

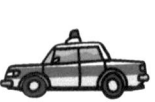

rendőrautó

kereta polis

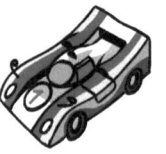

versenyautó

kereta lumba

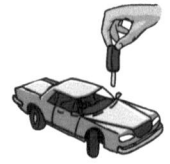

bérautó

kereta sewa

telekocsi
berkongsi kereta

vontató
trak tunda

szemetes autó
trak menolak

motor
motor

üzemanyag
bahan api

benzinkút
stesen minyak

közlekedési tábla
tanda trafik

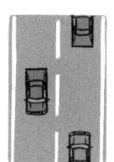

forgalom
trafik

forgalmi dugó
kesesakan lalu lintas

parkoló
tempat parkir

vonatállomás
stesen kereta api

sínek
trek

vonat
kereta api

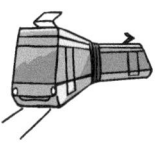

villamos
trem

vagon
gerabak

helikopter
helikopter

repülőtér
lapangan terbang

torony
Menara

utas
penumpang

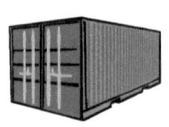

konténer
bekas

kartondoboz
kadbod

taliga
kart

kosár
bakul

felszáll / leszáll
berlepas / mendarat

város
bandar

falu
kampung

városközpont
pusat bandar

ház
rumah

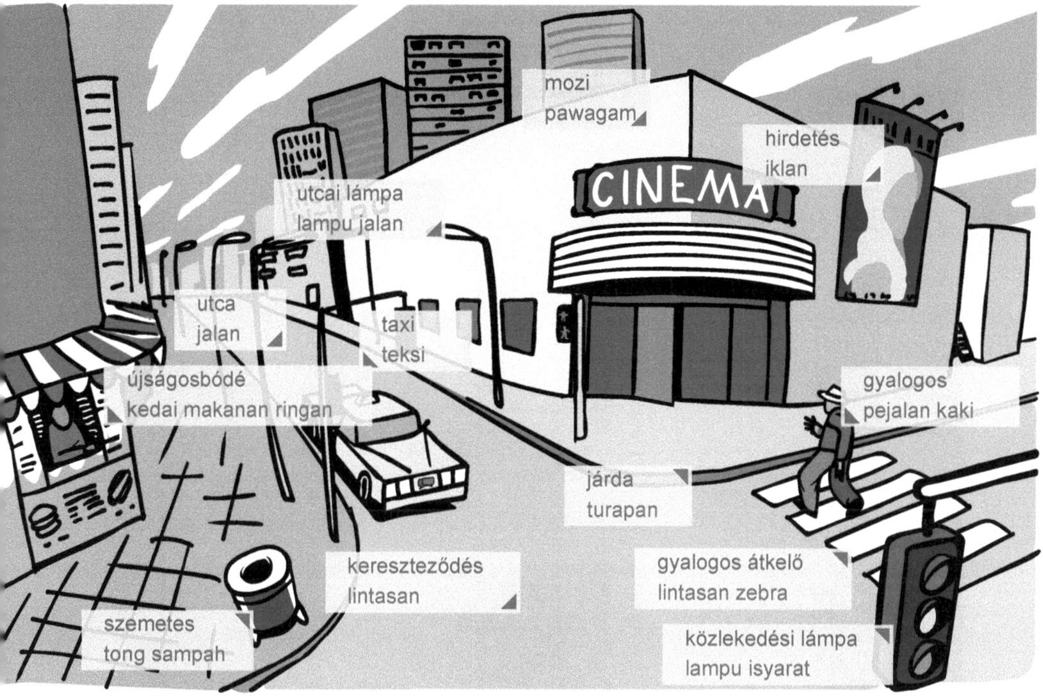

mozi
pawagam

hirdetés
iklan

utcai lámpa
lampu jalan

CINEMA

utca
jalan

taxi
teksi

újságosbódé
kedai makanan ringan

gyalogos
pejalan kaki

járda
turapan

kereszteződés
lintasan

gyalogos átkelő
lintasan zebra

szemetes
tong sampah

közlekedési lámpa
lampu isyarat

kunyhó

pondok

lakás

flat

vonatállomás

stesen kereta api

városháza

dewan bandar

múzeum

muzium

iskola

sekolah

egyetem

universiti

bank

bank

kórház

hospital

hotel

hotel

gyógyszertár

farmasi

iroda

pejabat

könyvesbolt

kedai buku

üzlet

kedai

virágüzlet

kedai bunga

szupermarket

pasar raya

piac

pasaran

áruház

gedung

halárus

penjual ikan

bevásárló központ

pusat membeli-belah

kikötő

pelabuhan

park
taman

pad
bangku

híd
jambatan

lépcső
tangga

metró
bawah tanah

alagút
terowong

buszmegálló
hentian bas

bár
bar

étterem
restoran

postaláda
peti surat

utcatábla
papan tanda jalan

parkoló óra
meter parkir

állatkert
zoo

uszoda
kolam renang

mecset
masjid

gazdálkodás
ladang

környezetszennyezés
pencemaran

temető
tanah perkuburan

templom
gereja

játszótér
taman permainan

szentély
kuil

táj
landskap

levél
daun

útjelző tábla
tiang tanda

út
jalan

rét
padang rumput

kő
batu

fa
pokok

túrázó
pejalan kaki

folyó
sungai

fű
rumput

virág
bunga

völgy
lembah

domb
bukit

tó
tasik

erdő
hutan

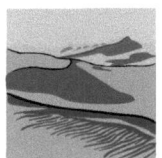

sivatag
padang pasir

vulkán
gunung berapi

kastély
istana

szivárvány
pelangi

gomba
cendawan

pálmafa
pokok kelapa sawit

szúnyog
nyamuk

légy
terbang

hangya
semut

méhecske
lebah

pók
labah-labah

bogár

kumbang

béka

katak

mókus

tupai

sündisznó

landak

nyúl

arnab

bagoly

burung hantu

madár

burung

hattyú

angsa

vaddisznó

babi jantan

szarvas

rusa

rénszarvas

moose

gát

empangan

szélturbina

turbin angin

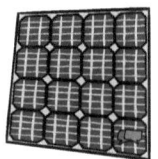

napelem

panel solar

éghajlat

iklim

étterem
restoran

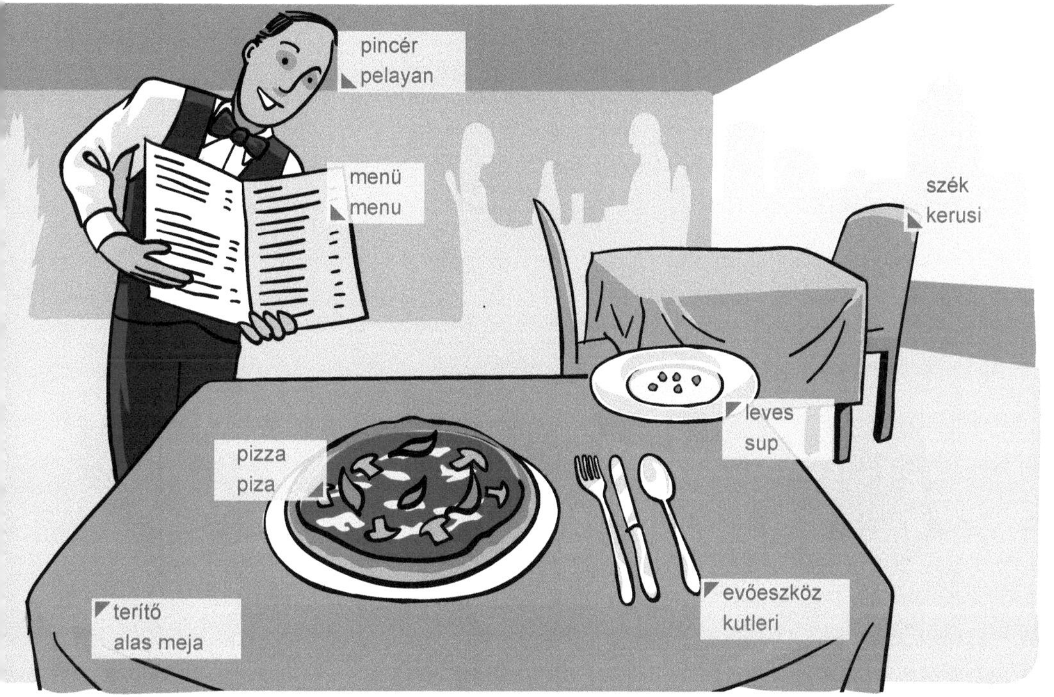

pincér
pelayan
menü
menu
szék
kerusi
leves
sup
pizza
piza
evőeszköz
kutleri
terítő
alas meja

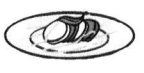

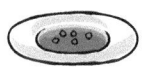

előétel

pemula

főétel

hidangan utama

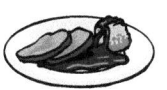

desszert

pencuci mulut

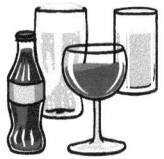

italok

minuman

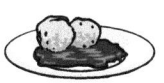

étel

makanan

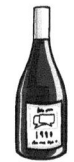

üveg

botol

gyorsétel

makanan segera

gyorsétel

makanan jalanan

teás kanna

teko

cukortartó

mangkuk gula

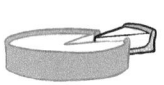

adag

bahagian

eszpresszógép

mesin espreso

bárszék

kerusi tinggi

számla

bil

tálca

dulang

kés

pisau

villa

garfu

kanál

sudu

teáskanál

sudu teh

szalvéta

serviette

pohár

gelas

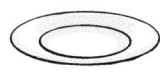

tányér
pinggan

leveses tányér
mangkuk sup

csészealj
piring

szósz
sos

sószóró
tempat garam

borsőrlő
pengisar lada

ecet
cuka

étkezési olaj
minyak

fűszerek
rempah

ketchup
sos

mustár
mustard

majonéz
mayones

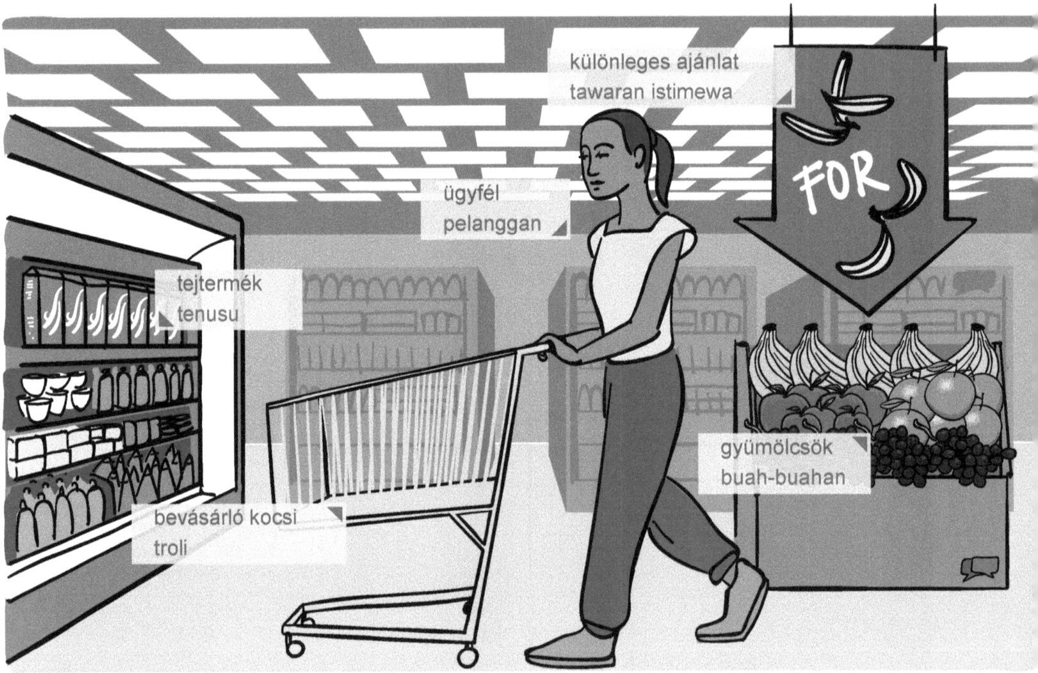

különleges ajánlat
tawaran istimewa

ügyfél
pelanggan

tejtermék
tenusu

bevásárló kocsi
troli

gyümölcsök
buah-buahan

hentes	pékség	nyom valamennyit
tukang daging	kedai roti	berat
	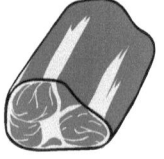	
zöldség	hús	fagyasztott áru
sayur-sayuran	daging	makanan sejuk beku

felvágott

daging sejuk

konzerv

makanan dalam tin

mosópor

serbuk pencuci

édességek

gula-gula

háztartási termék

produk isi rumah

tisztítószerek

produk pembersihan

eladó

orang jualan

pénztárgép

daftar tunai

eladó

juruwang

bevásárló lista

senarai membeli-belah

nyitva tartás

waktu pembukaan

levéltárca

beg duit

hitelkártya

kad kredit

zacskó

beg

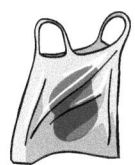

műanyag zacskó

beg plastik

víz
air

gyümölcslé
jus

tej
susu

kóla
kola

bor
wain

sör
bir

alkohol
alkohol

kakaó
koko

tea
the

kávé
kopi

eszpresszó
espreso

kapucsínó
kapucino

banán

pisang

alma

epal

narancs

oren

sárgadinnye

tembikai

citrom

lemon

sárgarépa

lobak merah

fokhagyma

bawang putih

bambusz

buluh

hagyma

bawang

gomba

cendawan

magvak

kacang

nokedli

mi

spagetti

spageti

rizs

nasi

saláta

salad

sült krumpli

kerepek

sült burgonya

kentang goreng

pizza

piza

hamburger

hamburger

szendvics

sandwic

hússzelet

kutlet

sonka

ham

szalámi

salami

kolbász

sosej

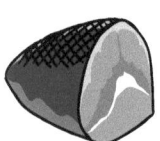

csirke

ayam

pecsenye

panggang

hal

ikan

zabkása

bubur oat

müzli

muesli

kukoricapehely

emping jagung

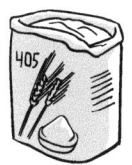

liszt

tepung

croissant

kroisan

zsemle

roti roll

kenyér

roti

pirítós kenyér

roti bakar

keksz

biskut

vaj

mentega

túró

dadih

sütemény

kek

tojás

telur

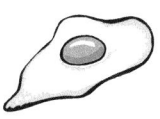

tükörtojás

telur goreng

sajt

keju

jégkrém

ais krim

cukor

gula

méz

madu

lekvár

jem

mogyorókrém

krim nougat

curry

kari

étel - makanan

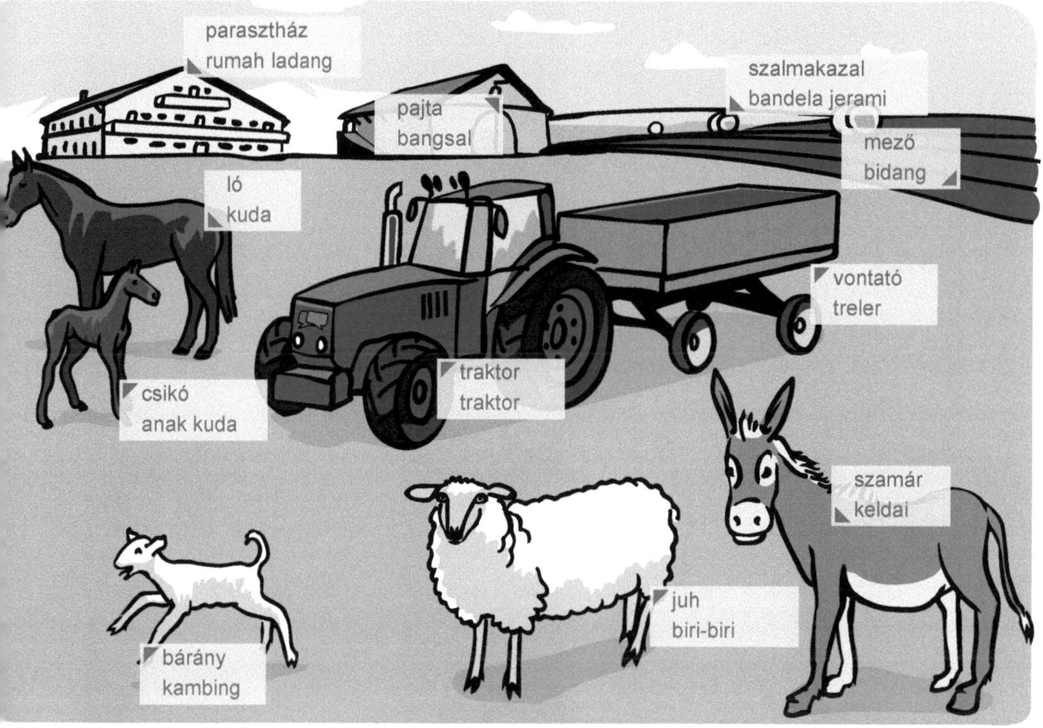

parasztház
rumah ladang

szalmakazal
bandela jerami

pajta
bangsal

mező
bidang

ló
kuda

vontató
treler

traktor
traktor

csikó
anak kuda

szamár
keldai

juh
biri-biri

bárány
kambing

kecske
kambing

tehén
lembu

borjú
anak lembu

malac
babi

kismalac
anak babi

bika
lembu

liba

angsa

kacsa

itik

csibe

anak ayam

tojó

ayam betina

kakas

ayam jantan muda

patkány

tikus

macska

kucing

egér

tikus

ökör

lembu jantan

kutya

anjing

kutyaház

rumah anjing

kerti öntözőcső

hos taman

öntözőkanna

bekas siraman

kasza

sabit

eke

bajak

sarló
sabit

kapa
cangkul

vasvilla
serampang peladang

fejsze
kapak

talicska
kereta sorong

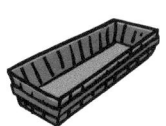

teknő
palung

tejes kancsó
tin susu

zsák
karung

kerítés
pagar

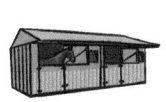

istálló
stabil

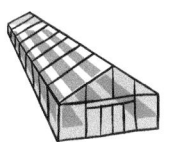

üvegház
rumah hijau

talaj
tanah

vetőmag
benih

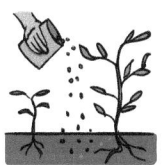

trágya
baja

cséplőgép
jentuai

szüretelni
tuai

betakarítás
menuai

yamgyökér
keladi

búza
gandum

szója
soya

burgonya
kentang

kukorica
jagung

repcemag
biji sawi

gyümölcsfa
pokok buah-buahan

manióka
ubi kayu

gabona
bijirin

ház

rumah

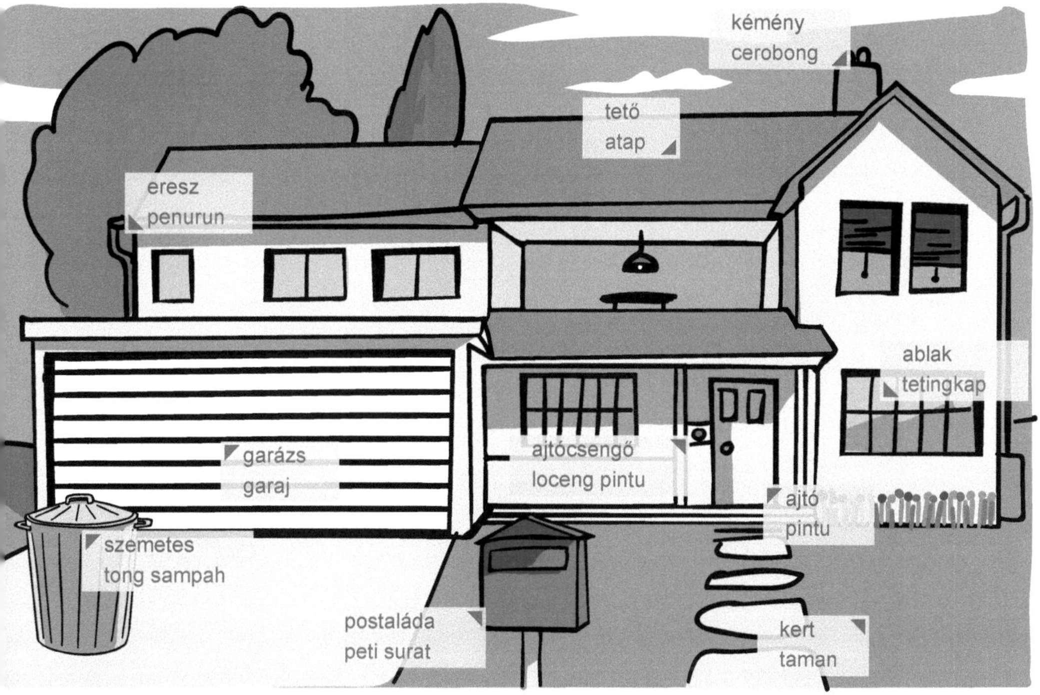

kémény
cerobong
tető
atap
eresz
penurun
ablak
tetingkap
garázs
garaj
ajtócsengő
loceng pintu
ajtó
pintu
szemetes
tong sampah
postaláda
peti surat
kert
taman

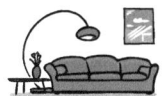

nappali
ruang tamu

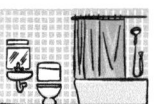

fürdőszoba
bilik air

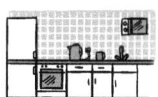

konyha
dapur

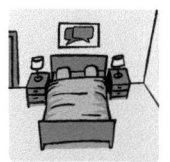

hálószoba
bilik tidur

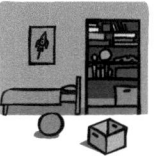

gyerekszoba
bilik kanak-kanak

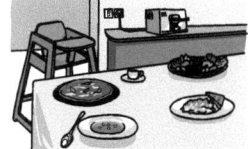

ebédlő
ruang makan

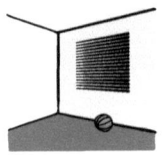

padló

lantai

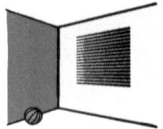

fal

dinding

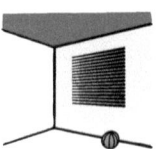

plafon

siling

pince

bilik bawah tanah

szauna

sauna

erkély

balkoni

terasz

teres

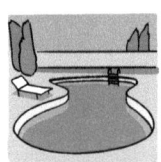

medence

kolam renang

fűnyíró

pemotong rumput

lepedö

lembaran

ágytakaró

penutup tilam

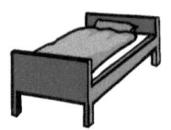

ágy

katil

seprű

penyapu

vödör

timba

kapcsoló

suis

nappali
ruang tamu

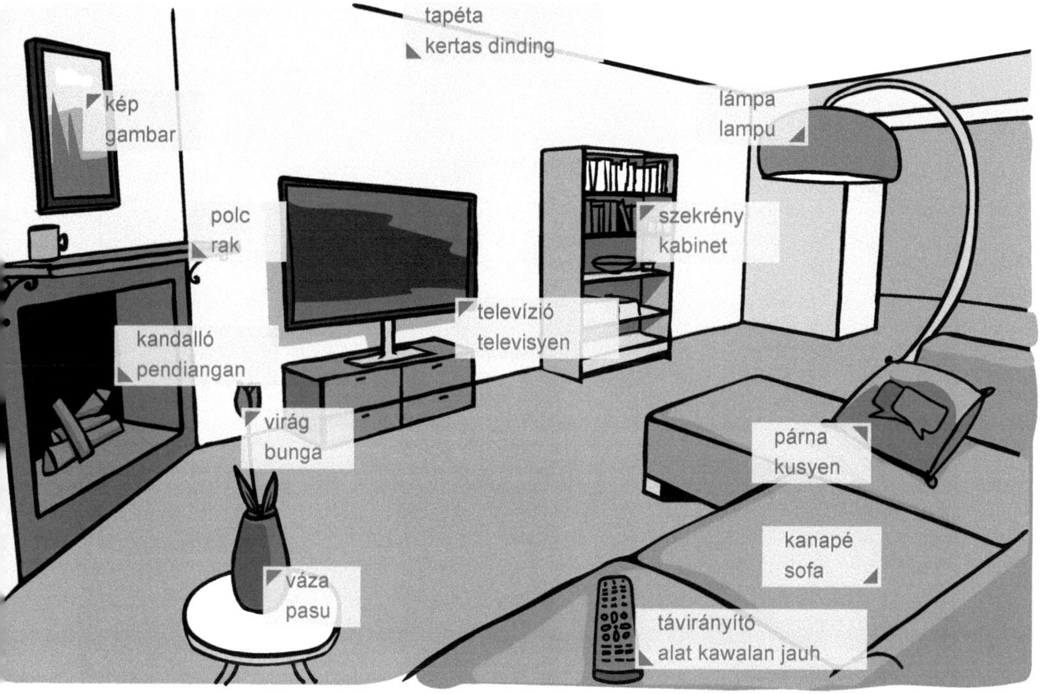

tapéta
kertas dinding
kép
gambar
lámpa
lampu
polc
rak
szekrény
kabinet
televízió
televisyen
kandalló
pendiangan
virág
bunga
párna
kusyen
kanapé
sofa
váza
pasu
távirányító
alat kawalan jauh

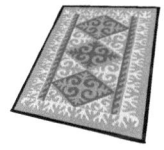

szőnyeg

permaidani

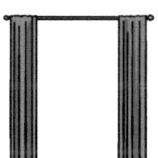

függöny

tirai

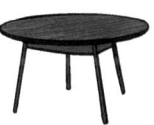

asztal

meja

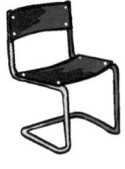

szék

kerusi

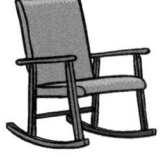

hintaszék

kerusi malas

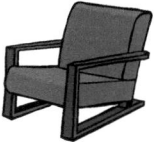

karosszék

kerusi

könyv

buku

takaró

selimut

dekoráció

hiasan

tűzifa

kayu api

film

filem

hifi

hi-fi

kulcs

kunci

újság

akhbar

festmény

lukisan

poszter

poster

rádió

radio

jegyzetfüzet

buku catatan

porszívó

penyedut habuk

kaktusz

kaktus

gyertya

lilin

konyha
dapur

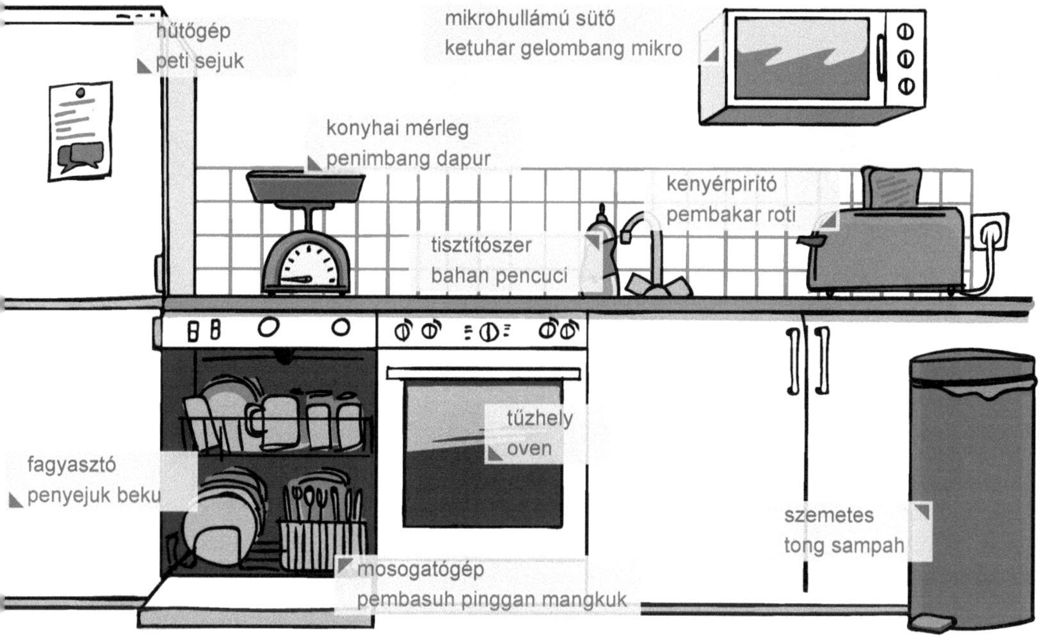

hűtőgép
peti sejuk
mikrohullámú sütő
ketuhar gelombang mikro
konyhai mérleg
penimbang dapur
kenyérpirító
pembakar roti
tisztítószer
bahan pencuci
tűzhely
oven
fagyasztó
penyejuk beku
szemetes
tong sampah
mosogatógép
pembasuh pinggan mangkuk

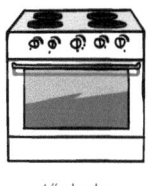

tűzhely
periuk dapur

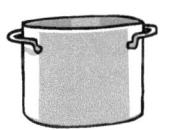

edény
periuk

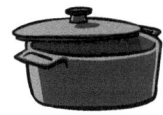

vasfazék
periuk besi

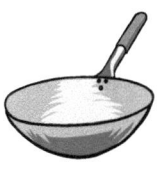

wok / kadai
kuali

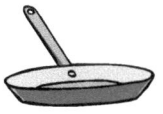

serpenyő
pan

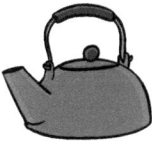

vízforraló
cerek

pároló
pengukus

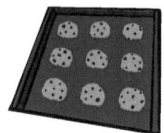

tepsi
dulang pembakar

étkészlet
pinggan mangkuk

bögre
koleh

tálka
mangkuk

evőpálcika
penyepit

merőkanál
senduk

keverőlapátka
spatula

habverő
pengadun

szűrő
penapis

szita
ayak

reszelő
pemarut

mozsár
mortar

grillsütő
barbeku

kandalló
pembakaran terbuka

vágódeszka
papan pencincang

sodrófa
pin golekan

dugóhúzó
skru gabus

doboz
tin

konzervnyitó
pembuka tin

edényfogó
pemegang periuk

mosogató
sinki

kefe
berus

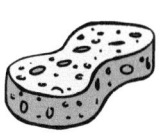

szivacs
span

turmixgép
pengisar

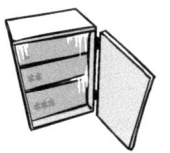

mélyhűtő
penyejuk beku

cumisüveg
botol bayi

csap
paip

fürdőszoba
bilik air

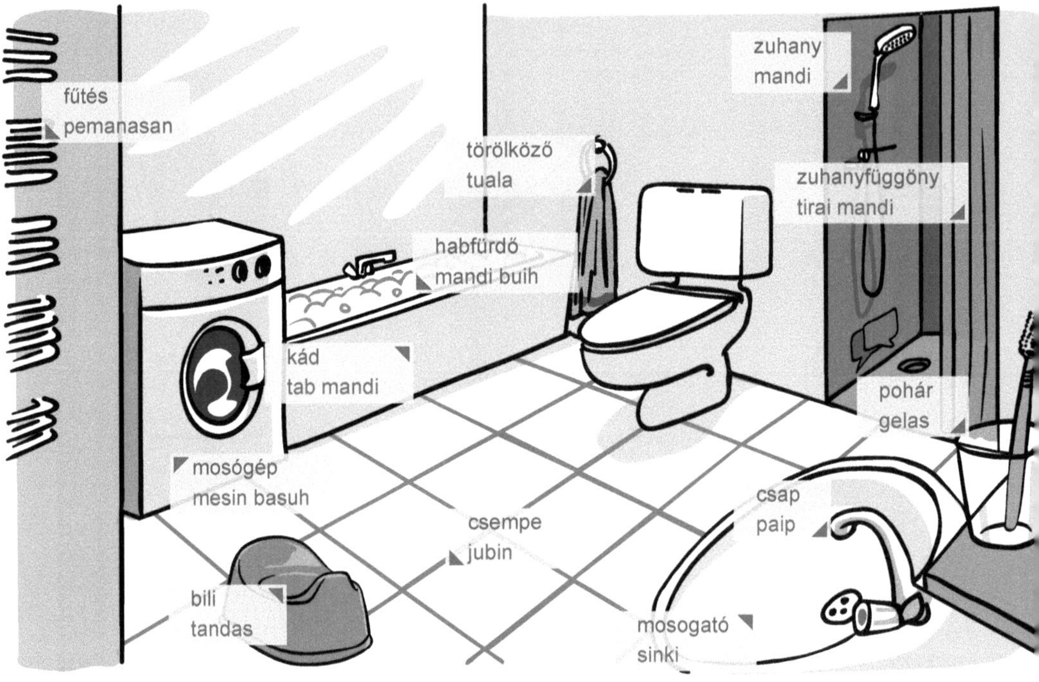

fűtés
pemanasan
zuhany
mandi
törölköző
tuala
zuhanyfüggöny
tirai mandi
habfürdő
mandi buih
kád
tab mandi
pohár
gelas
mosógép
mesin basuh
csap
paip
csempe
jubin
bili
tandas
mosogató
sinki

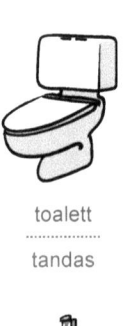

toalett
....
tandas

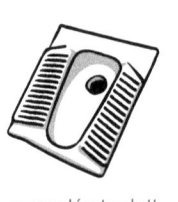

guggolós toalett
....
tandas mencangkung

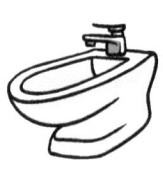

bidé
....
mangkuk tandas

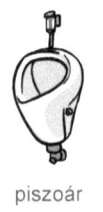

piszoár
....
tandas awam

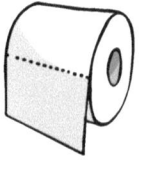

toalett papír
....
kertas tandas

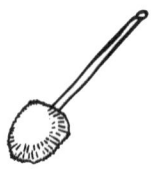

wc kefe
....
berus tandas

fogkefe
berus gigi

fogkrém
ubat gigi

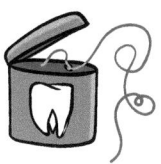

fogselyem
flos gigi

mosni
cuci

kézi zuhany
mandian tangan

intimzuhany
pancuran

mosdótál
besen

hátmosó kefe
belakang berus

szappan
sabun

tusfürdő
gel mandian

sampon
syampu

mosdókesztyű
flanel

lefolyó
longkang

krém
krim

dezodor
deodoran

tükör
cermin

kézitükör
cermin tangan

borotva
pisau cukur

borotvahab
busa cukur

borotválkozás utáni
arcszesz
selepas cukur

fésű
sikat

hajkefe
berus

hajszárító
pengering rambut

hajlakk
semburan rambut

smink
mekap

ajakrúzs
gincu

körömlakk
varnis kuku

vatta
bulu kapas

körömvágó olló
gunting kuku

parfüm
pewangi

neszesszer

beg basuhan

sámli

bangku

mérleg

skala berat

köntös

jubah mandi

gumikesztyű

sarung tangan getah

tampon

kapas

egészségügyi betét

tuala wanita

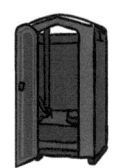

vegyi WC

tandas kimia

gyerekszoba
bilik kanak-kanak

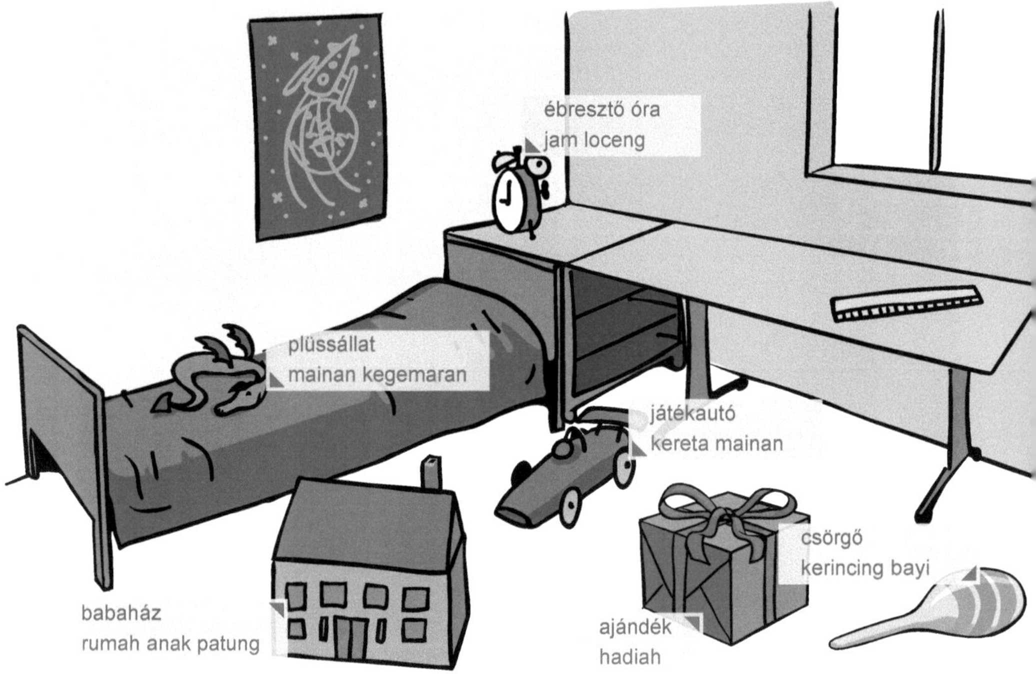
ébresztő óra
jam loceng
plüssállat
mainan kegemaran
játékautó
kereta mainan
csörgő
kerincing bayi
babaház
rumah anak patung
ajándék
hadiah

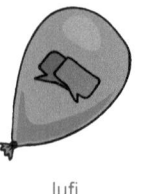

lufi

belon

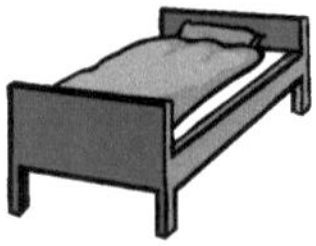

ágy

katil

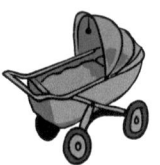

babakocsi

kereta sorong bayi

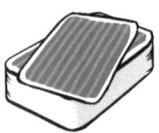

kártyapakli

set kad

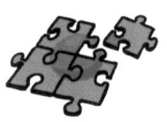

kirakós játék

susun suai gambar

SUPER MEGA

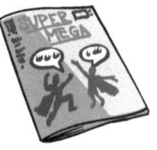

képregény

komik

építőkockák

batu bata lego

építőelem

blok mainan

szuperhős

figura aksi

rugdalózó

baju bayi

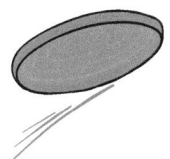

frizbi

frisbee

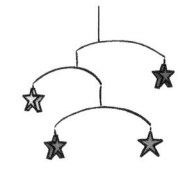

zenélő forgó

mainan bayi mudah alih

társasjáték

permainan papan

kocka

dadu

modellvasút

set model kereta api

cumi

palsu

zsúr

parti

képeskönyv

buku bergambar

labda

bola

baba

anak patung

játszani

main

homokozó
lubang pasir

hinta
buai

játékok
mainan

videójáték konzol
konsol permainan video

tricikli
basikal roda tiga

teddi maci
anak patung beruang

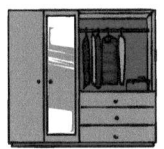

ruhásszekrény
almari pakaian

ruházat

pakaian

zokni
stoking

harisnya
stoking

harisnyanadrág
ketat

sál
skarf

esernyő
payung

póló
kemeja-t

keselamatan

csizma
but

papucs
selipar

tornacipő
kasut sukan

szandál	cipő	gumicsizma
sandal	kasut	but getah
alsónadrág	melltartó	mellény
seluar dalam	coli	ves

body
badan

nadrág
Seluar panjang

farmer
jean

szoknya
skirt

blúz
blaus

ing
kemeja

pulóver
baju panas sarung

kapucnis pulóver
sweater

blézer
blazer

dzseki
jaket

kabát
kot

esőkabát
baju hujan

kosztüm
kostum

ruha
pakaian

esküvői ruha
baju pengantin

öltöny
sut

hálóing
baju tidur

pizsama
baju tidur

szári
sari

fejkendő
skarf kepala

turbán
serban

burka
burqa

kaftán
kaftan

abaya
abaya/jubah

fürdőruha
baju renang

fürdőnadrág
seluar renang

rövidnadrág
seluar pendek

tréningruha
sut balapan

kötény
apron

kesztyű
sarung tangan

gomb

butang

szemüveg

cermin mata

karkötö

gelang tangan

nyaklánc

rantai leher

gyürü

cincin

fülbevaló

subang

sapka

topi

vállfa

penyangkut kot

kalap

topi

nyakkendö

tali leher

cipzár

zip

bukósisak

topi keledar

nadrágtartó

pendakap

iskolai egyenruha

uniform sekolah

egyenruha

seragam

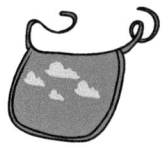

előke
lapik dada

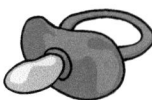

cumi
palsu

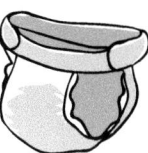

pelenka
lampin

iroda
pejabat

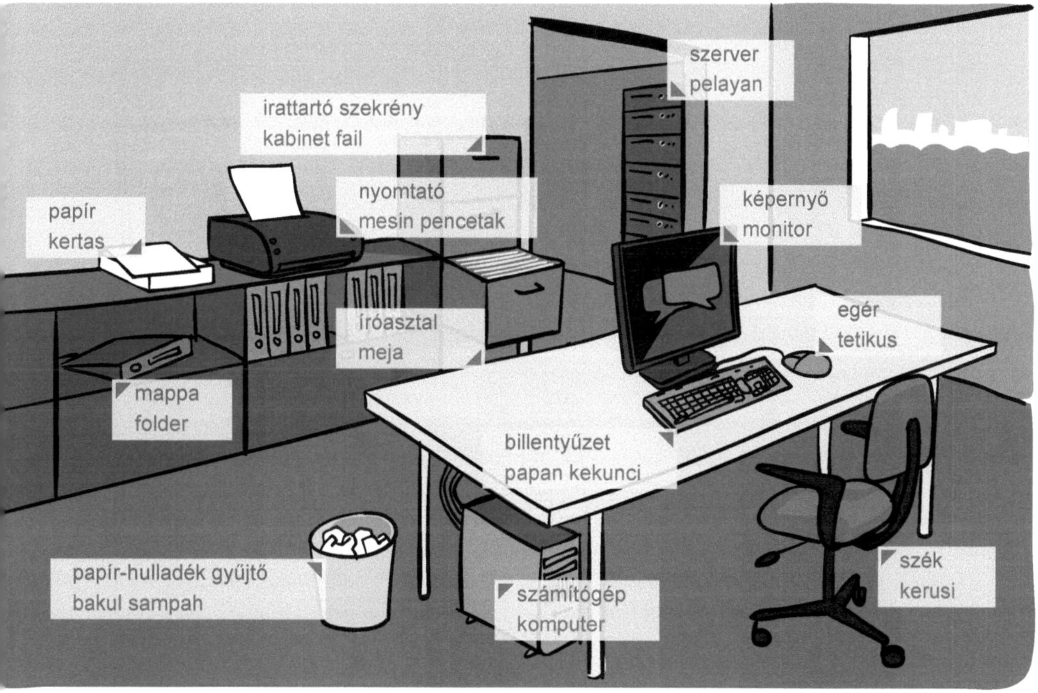
szerver
pelayan
irattartó szekrény
kabinet fail
nyomtató
mesin pencetak
papír
kertas
képernyő
monitor
egér
tetikus
íróasztal
meja
mappa
folder
billentyűzet
papan kekunci
papír-hulladék gyűjtő
bakul sampah
számítógép
komputer
szék
kerusi

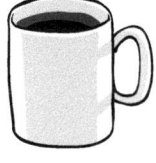

kávéscsésze
cawan kopi

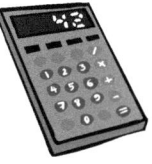

számológép
kalkulator

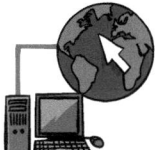

internet
internet

laptop

komputer riba

levél

surat

üzenet

mesej

mobiltelefon

mudah alih

hálózat

rangkaian

fénymásoló

mesin fotokopi

szoftver

perisian

telefon

telefon

konnektor

soket plag

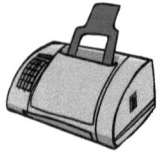

faxgép

mesin faks

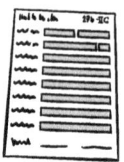

formanyomtatvány

bentuk

dokumentum

dokumen

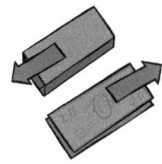

venni

beli

fizetni

bayar

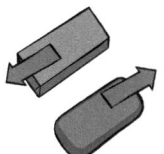

kereskedni

berdagang

pénz

wang

dollár

dolar

euró

euro

jen

yen

rubel

rubel

svájci frank

franc swiss

kínai jüan

renminbi yuan

rúpia

rupee

bankautomata

mata tunai

valutaváltó iroda

pejabat tukaran mata wang

arany

emas

ezüst

perak

olaj

minyak

energia

tenaga

ár

harga

szerződés

kontrak

adó

cukai

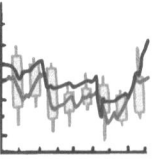

részvény

stok

dolgozni

kerja

munkavállaló

pekerja

munkaadó

majikan

gyár

kilang

üzlet

kedai

rendőr
pegawai polis

tűzoltó
ahli bomba

szakács
tukang masak

orvos
doktor

pílóta
juruterbang

kertész
tukang kebun

kárpitos
tukang kayu

varrónő
tukang jahit

bíró
hakim

vegyész
ahli kimia

színész
pelakon

buszsofőr

pemandu bas

taxisofőr

pemandu teksi

halász

nelayan

bejárónő

wanita pencuci

tetőfedő

kasau

pincér

pelayan

vadász

pemburu

festő

pelukis

pék

bakeri

villanyszerelő

juruelektrik

építőmunkás

pembangun

mérnök

jurutera

hentes

penjual daging

vízvezeték-szerelő

tukang paip

postás

posmen

katona

askar

építész

arkitek

eladó

juruwang

virágos

kedai bunga

fodrász

pendandan rambut

kalauz

konduktor

műszerész

mekanik

kapitány

kapten

fogorvos

doktor gigi

tudós

ahli sains

rabbi

tuhanku

imám

imam

szerzetes

sami

lelkész

paderi

szerszámok

alat

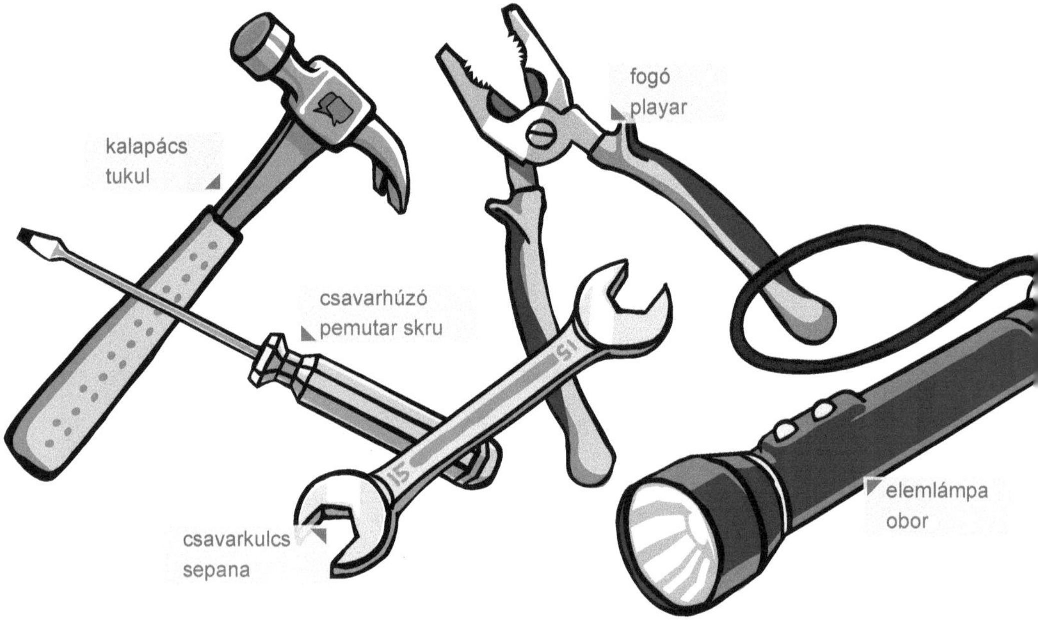

kalapács
tukul
fogó
playar
csavarhúzó
pemutar skru
csavarkulcs
sepana
elemlámpa
obor

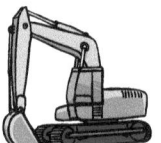

markológép

pengorek

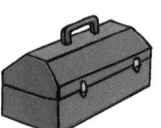

szerszámosláda

kotak peralatan

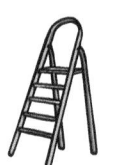

vödör

tangga

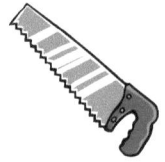

fűrész

gergaji

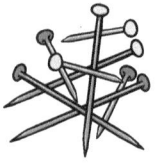

szög

kuku

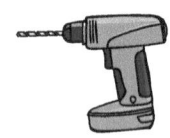

fúrógép

gerudi

megjavítani

baiki

lapát

penyodok

A francba!

Celaka!

szemétlapát

penadah sampah

festékesdoboz

periuk cat

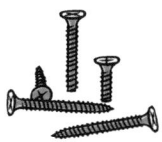

csavar

skru

hangszerek
alat muzik

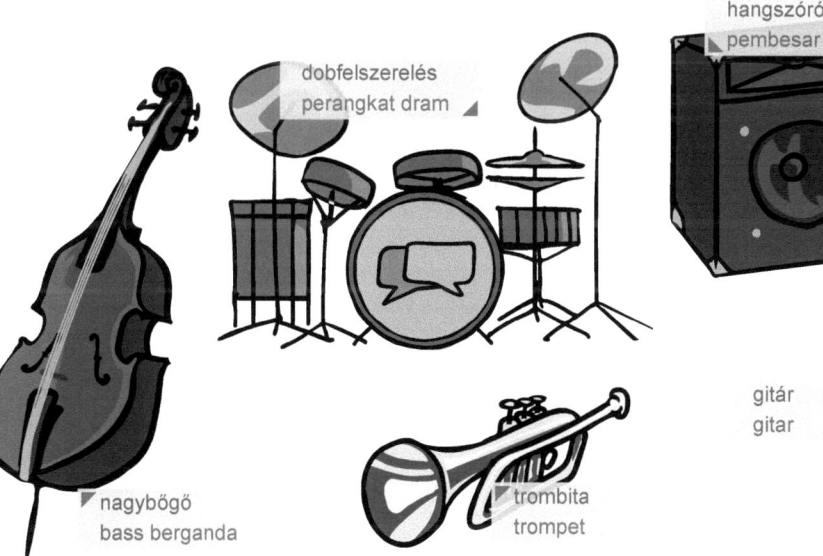

hangszóró
pembesar suara

dobfelszerelés
perangkat dram

gitár
gitar

nagybőgő
bass berganda

trombita
trompet

zongora

piano

hegedű

biola

basszusgitár

bass

üstdob

timpani

dobok

dram

digitális zongora

papan kekunci

szaxofon

saksofon

fuvola

seruling

mikrofon

mikrofon

állatkert

zoo

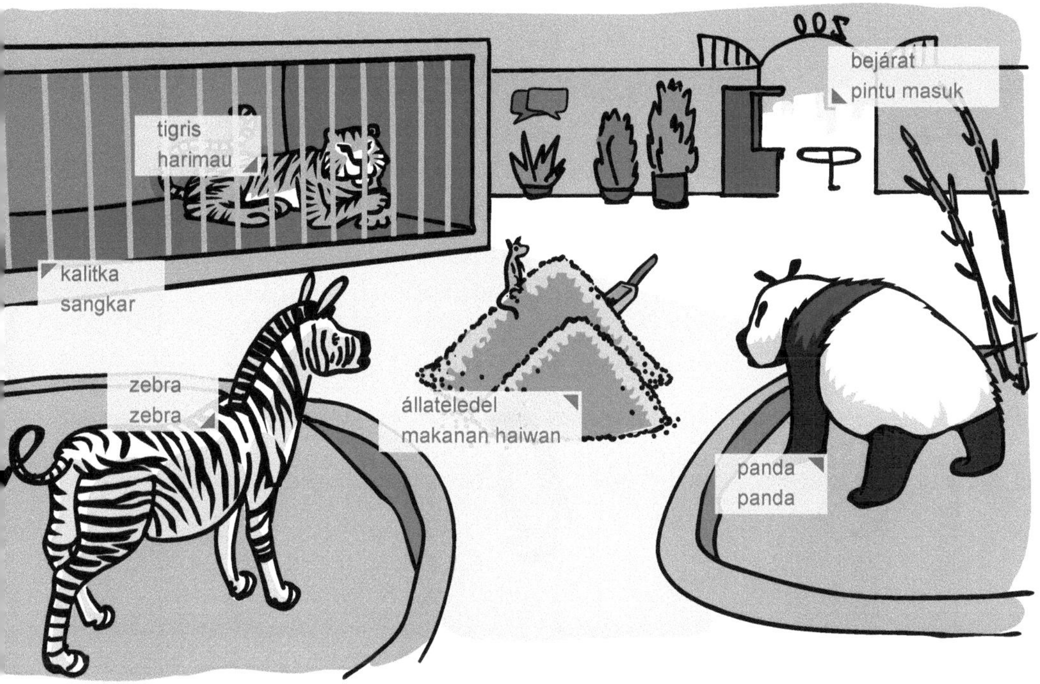

tigris
harimau
kalitka
sangkar
bejárat
pintu masuk
zebra
zebra
állateledel
makanan haiwan
panda
panda

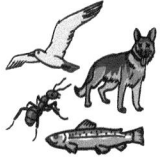

állatok
haiwan

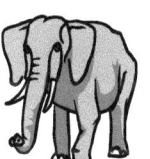

elefánt
gajah

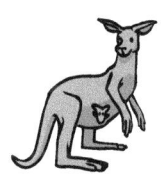

kenguru
kanggaru

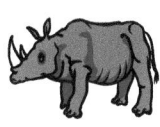

orrszarvú
badak sumbu

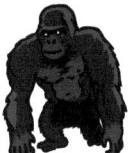

gorilla
gorila

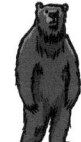

medve
beruang

teve
unta

strucc
burung unta

oroszlán
singa

majom
monyet

flamingó
flamingo

papagáj
nuri

jegesmedve
beruang kutub

pingvin
penguin

cápa
yu

páva
merak

kígyó
ular

krokodil
buaya

állatgondozó
penjaga zoo

fóka
anjing laut

jaguár
jaguar

póniló

kuda

leopárd

harimau

víziló

badak air

zsiráf

zirafah

sas

helang

vaddisznó

babi jantan

hal

ikan

teknős

penyu

rozmár

anjing laut

róka

musang

gazella

rusa

amerikai futball
bola sepak Amerika

kerékpározás
berbasikal

tenisz
tenis

kosárlabda
bola keranjang

úszás
renang

jégkorong
hoki ais

boksz
tinju

futball	tollas	atlétika
bola sepak	badminton	olahraga

kézilabda	síelés	lovaspóló
bola baling	ski	polo

tevékenységek
aktiviti

ugrani
lompat
ölelni
peluk
nevetni
ketawa
sétálni
berjalan
énekelni
menyanyi
álmodni
mimpi
dicsérni
berdoa
csókolni
cium

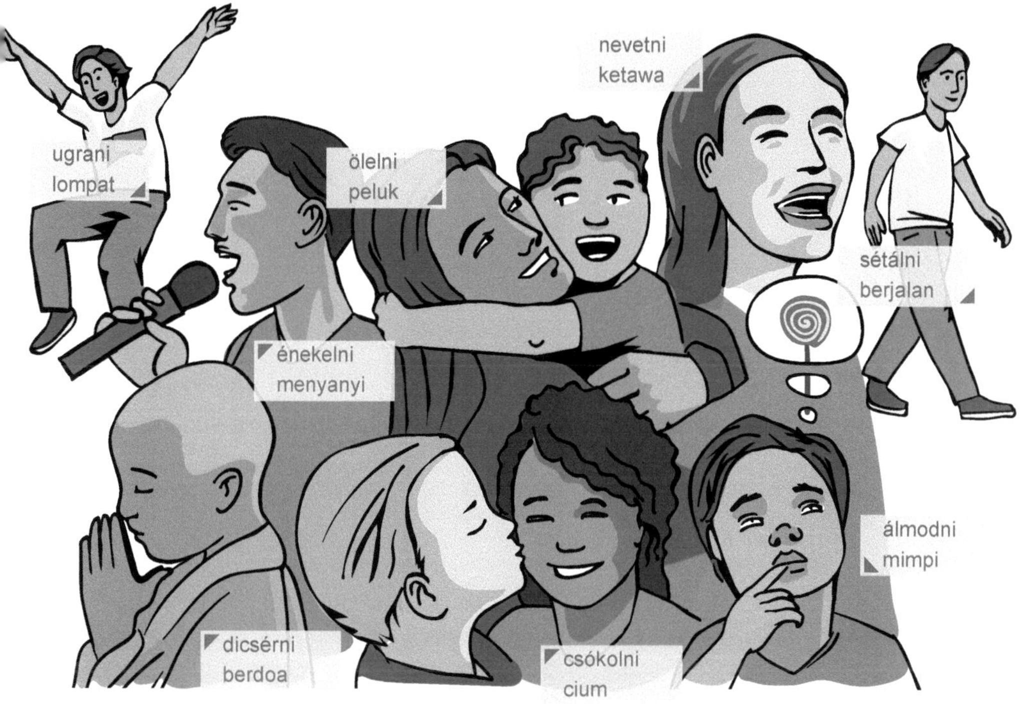

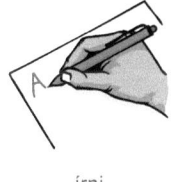

írni
tulis

rajzolni
lukis

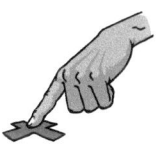

mutatni
tunjuk

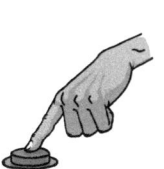

tolni
tolak

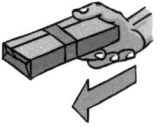

adni
beri

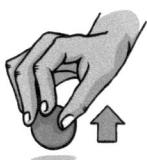

vinni
ambil

birtokolni
ada

csinálni
buat

lenni
ialah

állni
berdiri

futni
lari

húzni
tarik

hajít
buang

esni
jatuh

hazudni
tipu

várni
tunggu

vinni
bawa

ülni
duduk

felvenni
pakai

aludni
tidur

felébredni
bangkit

ránézni

lihat pada

sírni

menangis

simogat

strok

fésülni

sikat

beszélni

cakap

megérteni

faham

kérdezni

tanya

hallgatni

dengar

inni

minum

enni

makan

takarítani

mengemas

szeretni

sayang

főzni

masak

vezetni

pandu

szállni

terbang

vitorlázni

belayar

számol

kira

olvasni

baca

tanulni

belajar

dolgozni

kerja

házasodni

nikah

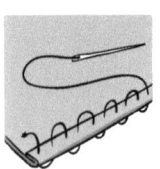

varrni

jahit

fogat mosni

memberus gigi

ölni

bunuh

dohányozni

asap

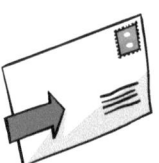

küldeni

hantar

család
keluarga

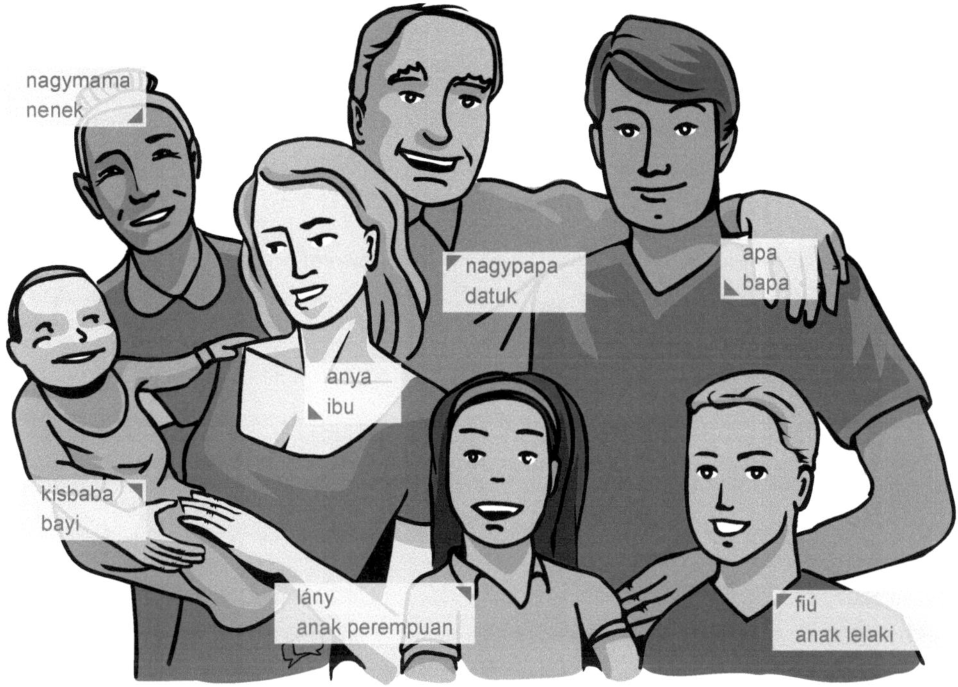

nagymama
nenek
nagypapa
datuk
apa
bapa
anya
ibu
kisbaba
bayi
lány
anak perempuan
fiú
anak lelaki

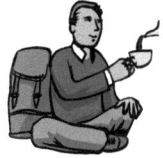

vendég
tetamu

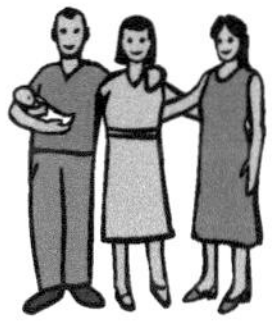

nagynéni
mak cik

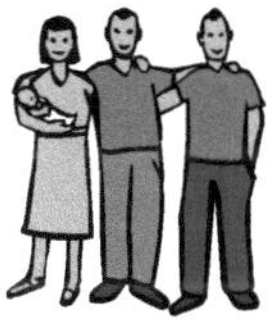

nagybácsi
pak cik

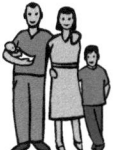

fiútestvér
abang

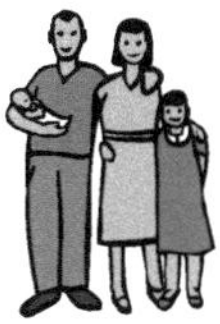

lánytestvér
kakak

test
badan

homlok
dahi
szem
mata
arc
muka
áll
dagu
mell
dada
ujj
jari
kéz
tangan
kar
lengan
váll
bahu
láb
kaki

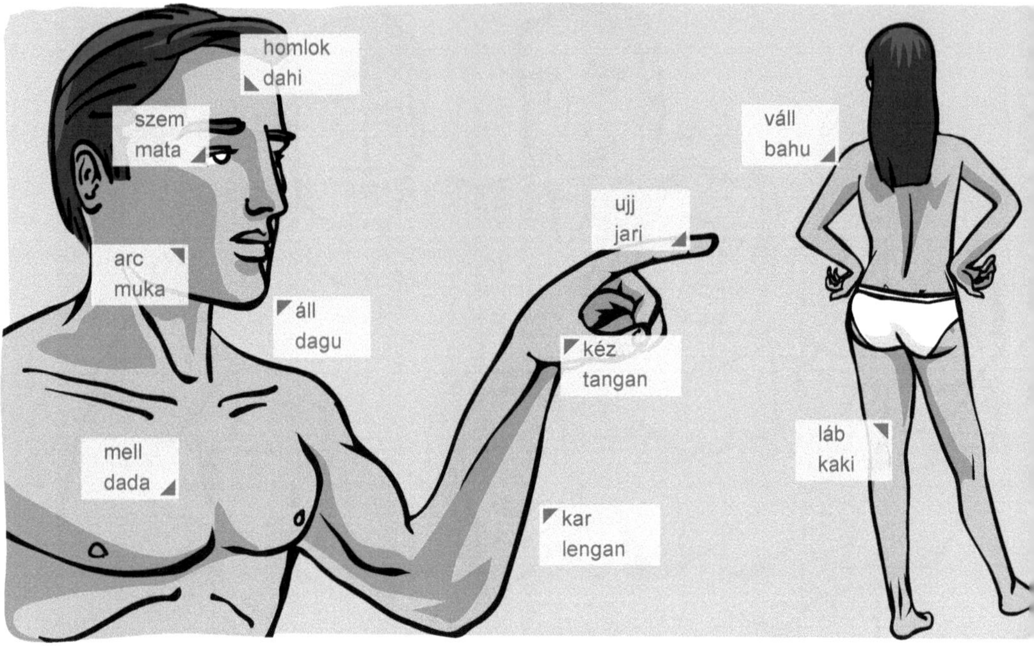

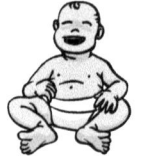

kisbaba
bayi

ember
lelaki

nő
wanita

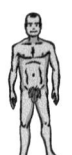

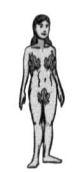

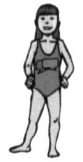

lány
perempuan

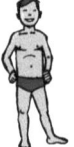

fiú
lelaki

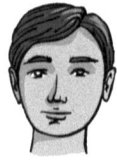

fej
kepala

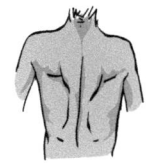

hát

belakang

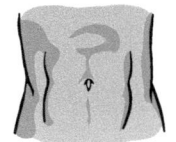

has

bawah perut

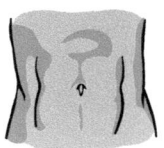

köldök

pusat

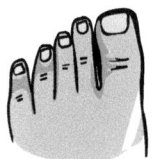

lábujj

jari kaki

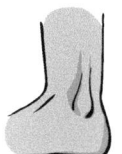

sarok

tumit

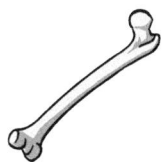

csont

tulang

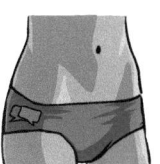

csípő

pinggul

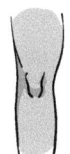

térd

lutut

könyök

siku

orr

hidung

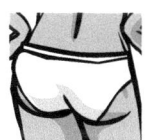

fenék

bawah

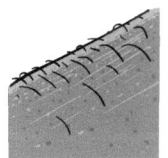

bőr

kulit

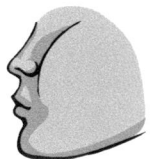

orca

pipi

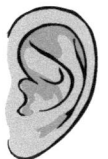

fül

telinga

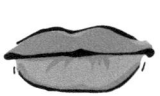

ajak

bibir

száj

mulut

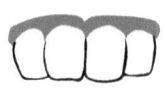

fog

gigi

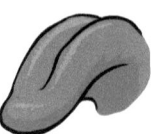

nyelv

lidah

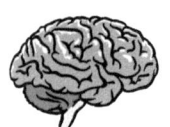

agy

otak

szív

hati

izom

otot

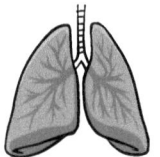

tüdö

paru-paru

máj

hati

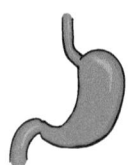

gyomor

perut

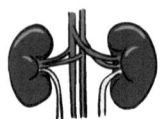

vese

buah pinggang

szex

seks

kondom

kondom

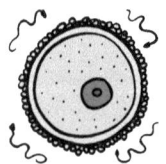

petesejt

faraj

sperma

mani

terhesség

mengandung

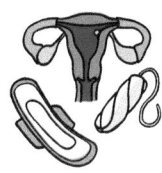

menstruáció

haid

vagina

faraj

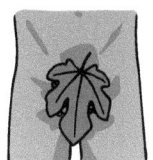

pénisz

penis

szemöldök

kening

haj

rambut

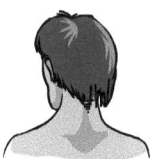

nyak

leher

kórház
hospital

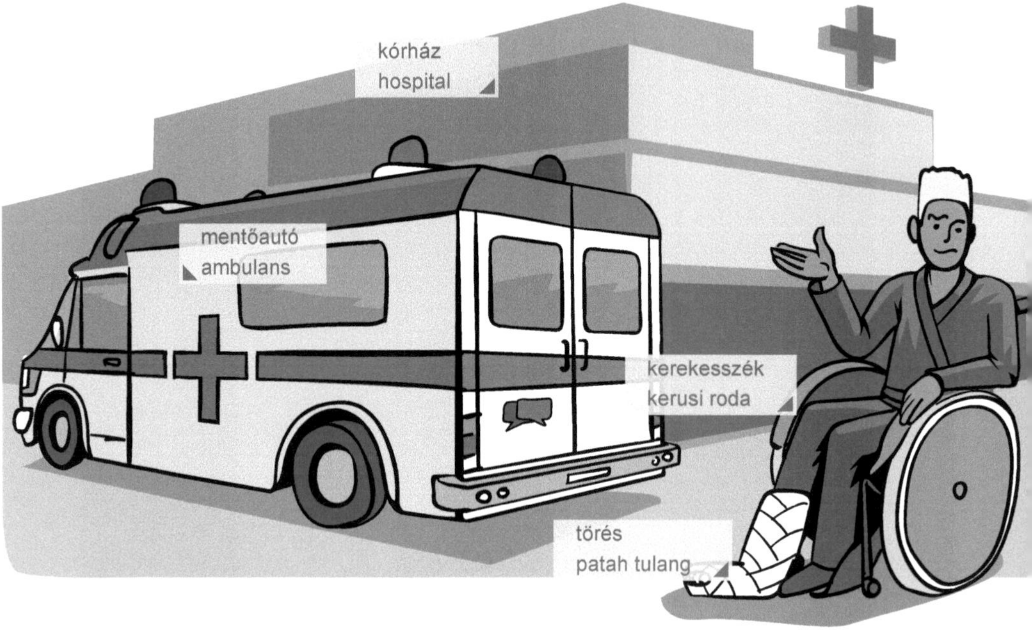

kórház
hospital
mentőautó
ambulans
kerekesszék
kerusi roda
törés
patah tulang

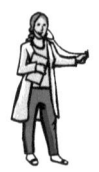

orvos

doktor

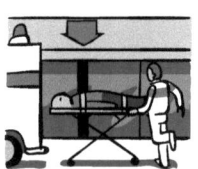

sürgősségi osztály

bilik kecemasan

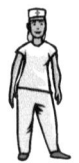

ápoló

jururawat

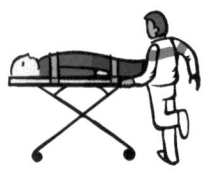

vészhelyzet

kecemasan

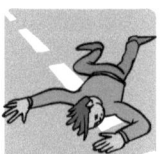

eszméletlen

tak sedar

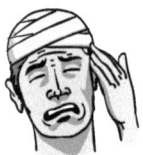

fájdalom

sakit

sérülés

kecederaan

vérzés

pendarahan

szívroham

serangan jantung

szélütés

strok

allergia

alergi

köhögés

batuk

láz

demam

influenza

selesema

hasmenés

cirit-birit

fejfájás

sakit kepala

rák

kanser

cukorbetegség

diabetes

sebész

pakar bedah

szike

pisau bedah

műtét

pembedahan

CT

CT

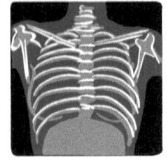

röntgen

x-ray

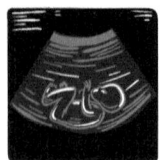

ultrahang

ultrabunyi

arcmaszk

topeng muka

betegség

penyakit

váróterem

bilik menunggu

mankó

penongkat

sebtapasz

plaster

kötszer

pembalut

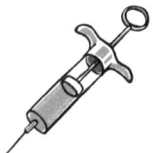

injekció

suntikan

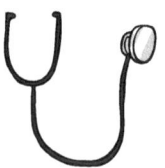

sztetoszkóp

stetoskop

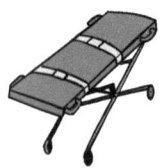

hordágy

pengusung

klinikai hőmérő

termometer klinik

születés

kelahiran

túlsúly

berat badan berlebihan

hallókészülék
alat pendengaran

fertőtlenítőszer
disinfektan

fertőzés
jangkitan

vírus
virus

HIV/AIDS
HIV / AIDS

orvosság
perubatan

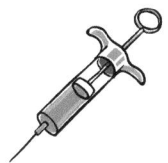

oltás
vaksinasi

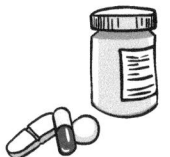

tabletták
tablet

tabletta
pil

sürgősségi hívás
panggilan kecemasan

vérnyomásmérő
pantau tekanan darah

betegség / egészség
sakit / sihat

Segítség!

Tolong!

riasztás

penggera

rajtaütés

serang

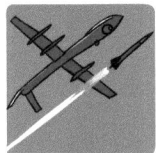

támadás

serangan

veszély

bahaya

vészkijárat

pintu kecemasan

tűz!

Api!

tűzoltókészülék

alat pemadam api

baleset

kemalangan

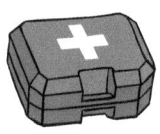

elsősegélycsomag

alat pertolongan cemas

SOS

SOS

rendőrség

polis

Európa

Eropah

Észak-Amerika

Amerika Utara

Dél-Amerika

Amerika Selatan

Afrika

Afrika

Ázsia

Asia

Ausztrália

Australia

Atlanti-óceán

Atlantic

Csendes-óceán

Pasifik

Indiai-óceán

Lautan Hindi

Déli-óceán

Lautan Antartik

Jeges-tenger

Lautan Artik

Északi-sark

Kutub utara

Déli-sark

Kutub Selatan

Antarktisz

Antartika

föld

bumi

szárazföld

tanah

tenger

laut

sziget

pulau

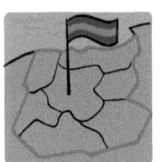

nemzet

negara

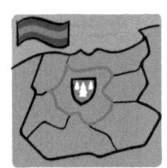

állam

negeri

számlap
muka jam

kismutató
tangan jam

nagymutató
tangan minit

másodpercmutató
terpakai

Mennyi az idő?
Jam berapa sekarang

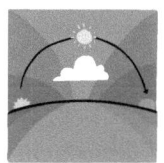

nap
hari

idő
masa

most
sekarang

digitális óra
jam digital

perc
minit

óra
jam

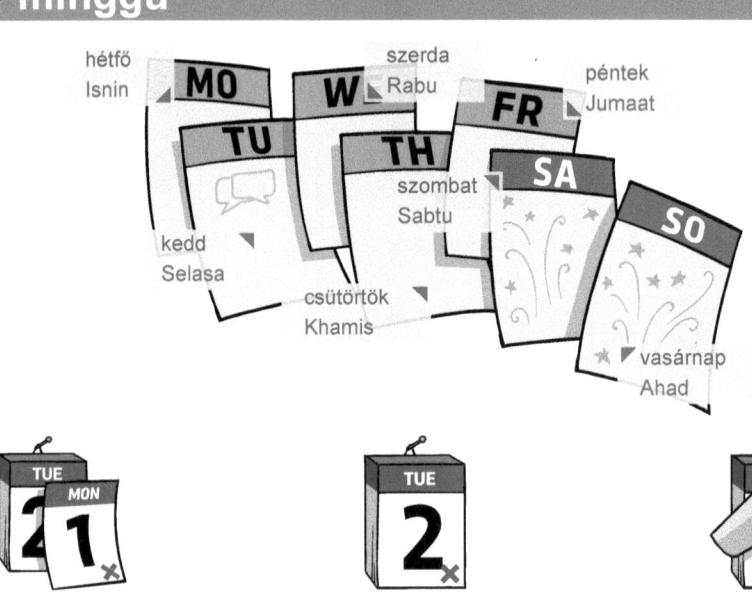

hétfő / Isnin — MO
kedd / Selasa — TU
szerda / Rabu — W
csütörtök / Khamis — TH
péntek / Jumaat — FR
szombat / Sabtu — SA
vasárnap / Ahad — SO

tegnap

semalam

ma

hari ini

holnap

esok

reggel

pagi

dél

tengah hari

este

petang

MO	TU	WE	TH	FR	SA	SU
1	2	3	4	5	6	7
8	9	10	11	12	13	14
15	16	17	18	19	20	21
22	23	24	25	26	27	28
29	30	31	1	2	3	4

hétköznap

hari kerja

MO	TU	WE	TH	FR	SA	SU
1	2	3	4	5	6	7
8	9	10	11	12	13	14
15	16	17	18	19	20	21
22	23	24	25	26	27	28
29	30	31	1	2	3	4

hétvége

hari minggu

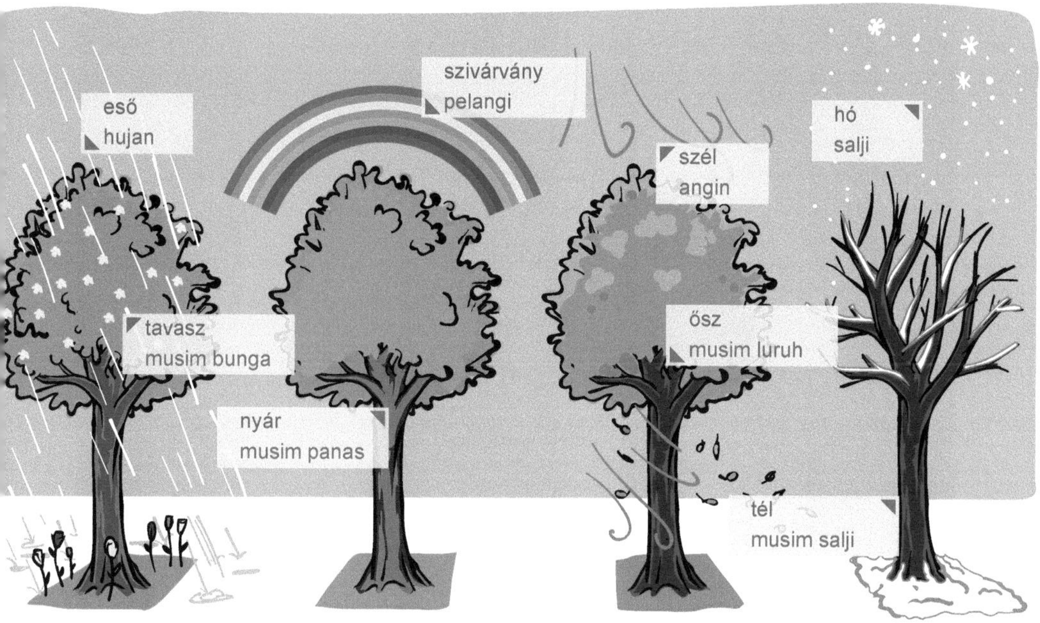

eső
hujan

szivárvány
pelangi

hó
salji

szél
angin

tavasz
musim bunga

ősz
musim luruh

nyár
musim panas

tél
musim salji

időjárás előrejelzés
ramalan cuaca

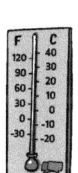

hőmérő
termometer

napsütés
sinar matahari

felhő
awan

köd
kabus

páratartalom
lembapan

villámlás

kilat

mennydörgés

petir

vihar

ribut

jégeső

hujan batu

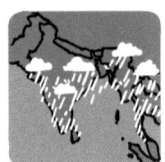

monszun

monsun

áradás

banjir

jég

ais

január

Januari

február

Februari

március

Mac

április

April

május

Mei

június

Jun

július

Julai

augusztus

Ogos

év - tahun

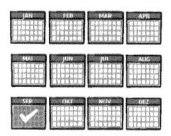

szeptember

September

október

Oktober

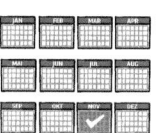

november

November

december

Disember

kör

bulatan

négyzet

petak

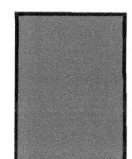

téglalap

segi empat tepat

háromszög

segitiga

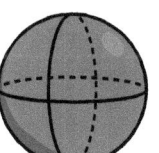

gömb

sfera

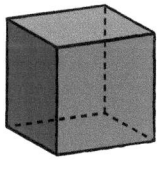

kocka

kiub

fehér
putih

sárga
kuning

narancs
oren

rózsaszín
merah jambu

piros
merah

lila
ungu

kék
biru

zöld
hijau

barna
coklat

szürke
kelabu

fekete
hitam

sok / kevés

banyak / sedikit

mérges / nyugodt

marah / tenang

szép / csúnya

cantik / hodoh

kezdet / vég

bermula / tamat

nagy / kicsi

besar kecil

világos / sötét

terang / gelap

fivér / nővér

abang / kakak

tiszta / koszos

bersih / kotor

teljes / nem teljes

lengkap / tidak lengkap

nappal / éjszaka

hari / malam

halott / élő

mati / hidup

széles / keskeny

luas / sempit

ehető / nem ehető

boleh dimakan / tidak boleh dimakan

gonosz / kedves

jahat / baik

izgatott / unott

teruja / bosan

kövér / vékony

gemuk / kurus

első / utolsó

pertama / terakhir

barát / ellenség

kawan / musuh

teli / üres

penuh / kosong

kemény / puha

keras / lembut

nehéz / könnyű

berat / ringan

éhség / szomjúság

lapar / dahaga

betegség / egészség

sakit / sihat

illegális / legális

menyalahi undang-undang / undang-undang

intelligens / buta

pintar / bodoh

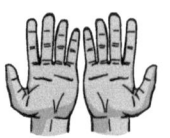

bal / jobb

kiri / kanan

közel / távol

dekat / jauh

új / használt

baru / lama

semmi / valami

tiada / sesuatu

idős / fiatal

tua / muda

be / ki

hidup / mati

nyitva / zárva

terbuka / tertutup

csendes / hangos

diam / bising

gazdag / szegény

kaya / miskin

helyes / helytelen

betul / salah

érdes / sima

kasar / halus

szomorú / vidám

sedih / gembira

rövid / hosszú

pendek / panjang

lassú / gyors

lambat / laju

nedves / száraz

basah / kering

meleg / hideg

panas / sejuk

háború / béke

berperang / berdamai

nombor

0	**1**	**2**
nulla	egy	kettő
sifar	satu	dua

3	**4**	**5**
három	négy	öt
tiga	empat	lima

6	**7**	**8**
hat	hét	nyolc
enam	tujuh	lapan

9	**10**	**11**
kilenc	tíz	tizenegy
sembilan	sepuluh	sebelas

12	**13**	**14**
tizenkettő	tizenhárom	tizennégy
dua belas	tiga belas	empat belas

15	**16**	**17**
tizenöt	tizenhat	tizenhét
lima belas	enam belas	tujuh belas

18	**19**	**20**
tizennyolc	tizenkilenc	húsz
lapan belas	Sembilan belas	dua puluh

100	**1.000**	**1.000.000**
száz	ezer	millió
ratus	ribu	juta

angol

Bahasa Inggeris

amerikai angol

Bahasa Inggeris Amerika

mandarin kínai

Bahasa Cina Mandarin

hindi

Bahasa Hindi

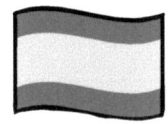

spanyol

Bahasa Sepanyol

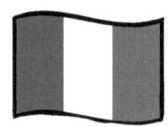

francia

Bahasa Perancis

arab

Bahasa Arab

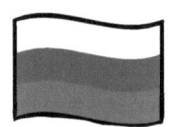

orosz

Bahasa Rusia

portugál

Bahasa Portugis

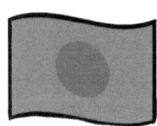

bengáli

Bahasa Benggali

német

Bahasa Jerman

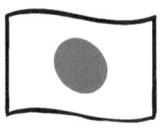

japán

Bahasa Jepun

én
saya

te
anda

ő
dia / dia / ia

mi
kita

ti
anda

ők
mereka

ki?
siapa?

mi?
apa?

hogyan?
bagaimana?

hol?
di mana?

mikor?
bila?

név
nama

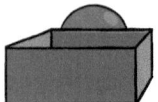

mögött

belakang

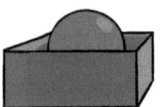

benne

dalam

elötte

di hadapan

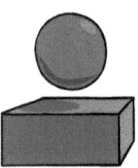

felette

lebih

rajta

pada

alatta

di bawah

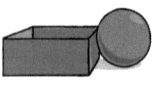

mellett

bersebelahan

között

antara

hely

tempat